兒童文學叢書
·影響世界的人·

佛陀小檔案
釋迦牟尼的故事

李民安／著

陳澤新／繪

國家圖書館出版品預行編目資料

佛陀小檔案:釋迦牟尼的故事 / 李民安著;陳澤新繪.－
－二版一刷.－－臺北市: 三民，2011
面；　公分.－－(兒童文學叢書・影響世界的人
系列)

ISBN 978-957-14-4005-7 　(精裝)

1.釋迦牟尼(Gautama, Buddha)－傳記－通俗作品

229.1

© 　佛陀小檔案
　　　　　　──釋迦牟尼的故事

著 作 人　　　李民安
繪　 者　　　陳澤新
發 行 人　　　劉振強
著作財產權人　三民書局股份有限公司
發 行 所　　　三民書局股份有限公司
　　　　　　　地址　臺北市復興北路386號
　　　　　　　電話　(02)25006600
　　　　　　　郵撥帳號　0009998-5
門 市 部　　　(復北店) 臺北市復興北路386號
　　　　　　　(重南店) 臺北市重慶南路一段61號
出版日期　　　初版一刷　2004年4月
　　　　　　　二版一刷　2011年1月
編　 號　　　S 781041
行政院新聞局登記證局版臺業字第○二○○號

ISBN　978-957-14-4005-7　(精裝)

http://www.sanmin.com.tw　三民網路書店
※本書如有缺頁、破損或裝訂錯誤，請寄回本公司更換。

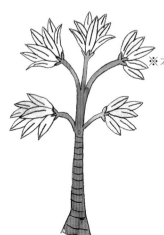

多彩多姿的世界
（主編的話）

小時候常常和朋友們坐在後院的陽臺，欣賞雨後的天空，尤其是看到那多彩多姿的彩虹時，我們就爭相細數，看誰數到最多的色彩——紅、黃、藍、橙、綠、紫、靛，是這些不同的顏色，讓我們目迷神馳，也讓我們總愛仰望天際，找尋彩虹，找尋自己喜愛的色彩。

世界不就是因有了這麼多顏色而多彩多姿嗎？人類也因為各有不同的特色，各自提供不同的才能和奉獻，使我們生活的世界更為豐富多彩。

「影響世界的人」這一套書，就是經由這樣的思考而產生，也是三民書局在推出「藝術家系列」、「文學家系列」、「童話小天地」以及「音樂家系列」之後，策劃已久的第六套兒童文學系列。在這個沒有英雄也沒有主色的年代，希望小朋友從閱讀中激勵出各自不同的興趣，而各展所長。我們的生活中，也因為有各行各業的人群，埋頭苦幹的付出與奉獻，代代相傳，才使人類的生活走向更為美好多元的境界。

這一套書一共收集了十二位傳主（當然影響世界的人，包括了形形色色的人群，豈止十二人，一百二十人都不止），包括了宗教、哲學、醫學、教育與生物、物理等人文與自然科學。這一套書的作者，和以往一樣，皆學有專精又關心下一代兒童讀物，所以在文字和內容上都是以深入淺出的方式，由作者以文學之筆，讓孩子們在快樂的閱讀中，認識並接近那影響世界的人，是如何為人類付出貢獻，帶來福祉。

第一次為孩子們寫書的龔則韞，她主修生化，由她來寫生物學家孟德爾，自然得心應手，不作第二人想。還有唐念祖學的是物理，一口氣寫了牛頓與愛因斯坦兩位大師，生動又有趣。李笠雖主修外文，但對宗教深有研究。謝謝他們三位開始加入為小朋友寫作的行列，一起為兒童文學耕耘。

宗教方面除了李笠寫的穆罕默德外，還有王明心所寫的耶穌，和李民安所寫的釋迦牟尼，小朋友讀過之後，對宗教必定有較為深入的了解。她們兩位都是寫童書的高手，王明心獲得 2003 年兒童及少年圖書金鼎獎，李民安則獲得 2000 年小太陽獎。

許懷哲的悲天憫人和仁心仁術，為人類解除痛苦，由醫學院出身的喻麗清來寫他，最為深刻感人。喻麗清多才多藝，「藝術家系列」中有好幾本她的創作都得到大獎。而原本學醫的她與許懷哲醫生是同行，寫來更加生動。姚嘉為的文學根基深厚，把博學的亞里斯多德介紹給小朋友，深入淺出，相信喜愛思考的孩子一定能受到啟發。李寬宏雖然是核子工程博士，但是喜愛文學、音樂的他，把嚴肅的孔子寫得多麼親切可愛，小朋友讀了孔子的故事，也許就更想多去了解孔子的學說了。

馬可波羅的故事我們聽得很多，但是陳永秀第一次把馬可波羅的故事，有系統的介紹給大家，不僅有趣，還有很多史實，永秀一向認真，為寫此書做了很多研究工作。而張燕風一向喜愛收集，為寫此書，她做了很多筆記，這次她讓我們認識了電話的發明人貝爾。我們能想像沒有電話的生活會是如何的困難和不便嗎？貝爾是怎麼發明電話的？小朋友一定迫不及待的想讀這本書，也許從中還能找到靈感呢！居禮夫人在科學上的貢獻舉世皆知，但是有多少人了解她不屈不撓的堅持？如果沒有放射線的發現，我們今天不會有方便的 X 光檢查及放射性治療，也不會有核能發電及同位素的普遍利用。石家興在述說居禮夫人的故事時，本身也是學科學的他，希望孩子們從閱讀中，能領悟到居禮夫人鍥而不捨的精神，那是一位真正的科學家，腳踏實地的真實寫照。

閱讀這十二篇書稿，寫完總序，窗外的春意已濃，這兩年來，經過了編輯們的認真編排，才使這一套書籍得以在孩子們面前呈現。在歲月的流逝中，這是多麼令人高興的事，我相信每一位參與寫作的朋友，都會和我有一樣愉悅的心情，因為我們都興高采烈的在一起搭一座彩虹橋，期望未來的世界更多彩多姿。

跟佛陀說的悄悄話

（作者的話）

很喜歡去寺廟，說不出什麼特別的原因，可能是喜歡聞檀香的氣味，喜歡樑柱上精美的雕刻，喜歡牆上畫的佛教故事，喜歡看著你圓滿的面龐，帶笑的嘴角，俯視眾生時，心裡那種說不清楚、講不明白的平安感覺。

在字典裡面，「虔誠」就是「恭敬，有誠心」這兩句很抽象的詞，可是對我來說，「虔誠」非常具體的，是香煙嬝繞中，跪在你面前無數善男信女的群像。

他們帶著香燭花果來看你，跪在那裡口中喃喃有詞，不知道在跟你說什麼悄悄話，可能是祈求全家平安，身體健康，婚姻幸福，孩子聽話，成績傑出，最好，還能乾脆出一個「明牌」，讓他們簽中下一期的彩券，成為億萬富翁。

可是佛陀啊，如果你真的看在這些香燭、鮮花、水果的分上，就「保祐」（或者「保證」）他們美夢成真的話，那就難怪別人說佛教很「迷信」啦。

直到我讀了書，寫下這個有關於你的傳記之後，我才真正有了一種踏實的感動，原來你也跟我一樣，是從媽媽肚子裡生出來的人，也會煩惱，也有願望沒有辦法實現，也會覺得有無力感，甚至，也有「大限」來的那一天。但是你好厲害噢，居然能找出人生煩惱的根源，和消滅它們的方法，並且身體力行的證明給所有的人看，只要照著你說的步驟去做，每個人

都可以像你一樣，成為「佛陀」。

　　謝謝你給了我信心，更謝謝你讓我知道，我只能靠自己的努力，才能解決我自己的問題和煩惱，而不是依靠你和供桌上的香燭花果。當然，更希望看了這本書的小朋友們，知道下次考試前該好好讀書，而不是到廟裡去「煩」你保祐他們考第一名了。

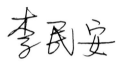

釋迦牟尼

我也是眾生中的一個,我沒有祕密。
你們不要悲哀,我所要度的眾生已經度盡,
還未度的眾生,也已做了得度的因緣。

大概在二千五百年前，「釋迦牟尼」在現在的印度誕生了。你一定覺得這個名字很奇怪，他究竟姓「釋」還是「釋迦」呢？其實都不是，「釋迦」所指的是「釋迦族」，而「牟尼」則是聖人的意思，所以「釋迦牟尼」這四個字就是「釋迦族的聖人」。

　　他確實夠資格得到「聖人」的稱號，因為他不但開創了世界三大宗教中歷史最悠久的「佛教」，也和中國的孔子、希臘的蘇格拉底以及基督教的耶穌，並稱為人類文明史中的「四大聖哲」。

　　不過，他可不是一生下來就叫這個名字的。

釋迦牟尼的誕生

話說紀元前二、三千年前，居住在中亞細亞的雅利安民族，發起了一次向現在印度和波斯移民的運動；遷移到印度的雅利安人，控制了印度，在這裡建立了十六個國家，你打我，我打你，跟中國春秋戰國時代的情形很像，其中又以隔著恆河南北對峙的「憍薩羅國」和「摩揭陀國」的勢力最大。

釋迦牟尼的祖國「迦毘羅衛國」，是恆河北邊憍薩羅國的一個附屬小國；面積只有三百二十平方公里，人口也只有五十萬人左右，不過因為政治安定，百姓生活富足。迦毘羅衛國由許多不同種族的人組成，其中釋迦族的首領「淨飯王」，是大家公推的領袖。

　　淨飯王是一個好國王，和妻子摩耶夫人結婚二十多年，感情恩愛，但遺憾的是一直沒有小孩，直到摩耶夫人四十歲的時候，一天晚上，夢到一頭有六根長牙的白色大象，從她的右手臂下，一腳踏進肚子裡去了；她做過這個夢後不久，就傳出了懷孕的喜訊。

　　十個月後，摩耶夫人即將臨盆，按照當時的習俗，她啟程回娘家生產，農曆四月八號這一天，在經過「藍毘尼花園」的時候，動了胎氣，結果就在花園中的一棵無憂樹下，幾乎沒有什麼痛苦的，生下一個健康可愛的小男孩，他就是這本書的主人翁——「釋迦牟尼」。

釋迦牟尼誕生的傳說

關於釋迦牟尼的出生，有許多的傳奇故事，其中又以他是從母親的右手臂下誕生，和出生以後就會行走，並說了「天上天下，唯我獨尊」這幾件事最為有名。

要解釋這樣的傳說，就必須先了解印度當時階級分明的社會。

　　釋迦牟尼時代的印度，大部分的人信仰「婆羅門教」，他們相信所有的人都是「宇宙之神」生出來的，而由於出生部位的不同，便形成社會上四種身分懸殊的階級：

　　從宇宙之神口中生出來的，是最為尊貴的「婆羅門」；從手臂下生出來的則是「剎帝利」，是掌握政治實權的王族或武士；從膝蓋生出來的是「吠舍」，他們是從事農工商的一般民眾，受王族的支配與保護；而從天神腳底板出生的則是「首陀羅」，是最低賤的奴隸，過著非常悲慘的生活。

　　因為釋迦牟尼是迦毘羅衛國的太子，是屬於王族階級的「剎帝利」，所以在當時的社會背景下，很自然就產生他是從母親手臂下誕生的說法。

　　至於那句「天上天下，唯我獨尊」，則不妨看做是釋迦牟尼向當時階級不平等的社會，所做的一種宣告，他認為每一個「我」，在天地間都具備同等的價值，都應該被尊重；因此，實在不必太計較，他是不是真的一生下來就會說話或走路。

多愁善感的太子

　　迦毘羅衛國終於有了王位繼承人，老百姓都高興極了，淨飯王集合了全國有名的學者，經過反覆集會和討論，最後選定「悉達多」為太子的名字，意思是「立志做一切事，一切事都能成功」，所以在他出家前，一般人都稱他「悉達多太子」。

　　可是，就算貴為太子，悉達多也和所有人一樣，無法避免失去親人的命運。他出生後第七天，母親就去世了，從小是由阿姨（摩耶夫人的妹妹）撫養長大的。

　　就像所有望子成龍的父親，淨飯王從悉達多太子七歲起，就請了全國最有名的學者來教導他，又從太子十二歲起，開始督促他學習武術；他一心一意要把太子培養成一位允文允武的君主。太子也不負所望，無論兵法或武器，都是一學就會，大家都相信他將來的成就會比淨飯王更大。

　　看著進入青年期的太子是那樣的聰明英勇，淨飯王應該很高興，可是正相反，這些年來他一直懷著一個很大的隱憂。

　　原來，就在太子出生那天，皇宮裡來了一位不速之客，那是傳說中能預知未來的大修行人「阿私陀」，他斷言太子長大以後，如果不是成為很偉大的國王，就是出家修成佛陀的正果，成為人天的導師。

　　這麼多年來，太子有一半可能會出家的預言，一直困擾著淨飯王，他才不在乎兒子是不是能成為「人天的導師」，他只害怕，萬一孩子真的「想不開」去出家，國家就沒有了繼承人，那該怎麼辦？所以他打定主意，一定要想盡辦法，讓兒子成為偉大的國王，絕對不能讓他去出家！

跟一般人的想法一樣，淨飯王認為，人都是受到悲傷痛苦的刺激，才會產生出家的念頭，所以他得未雨綢繆，防止這些情況發生。

「正常」的父親，都惟恐孩子太愛玩或太沉迷於享樂，可是淨飯王卻深怕悉達多太子還不夠放縱，巴不得他能再愛玩一點。

首先，他為太子建造了三座華麗氣派的宮殿，又替他選了漂亮的表妹「耶輸陀羅」公主為妻。為了預防萬一，淨飯王更規定，只有年輕漂亮的人能去服侍太子，而且不准任何人，在太子面前提到一丁點兒憂愁苦惱的事；他又在太子的宮殿和花園四周，築起高大的圍牆，派人嚴密把守所有出入口，杜絕任何醜陋悲慘的人和事，進入太子活動的範圍。

就在這樣「幸福美滿」的環境中，太子做了父親，耶輸陀羅為他生下一個活潑可愛的兒子，取名「羅睺羅」。

淨飯王對自己的安排很滿意，看起來一切都在他的掌握之中，他不相信有了嬌妻愛子的太子，還會有拋棄一切去出家的念頭。

　　的確，一般人不會，可是他不知道，悉達多太子從生下來就不是「一般人」。

　　由於生母早逝，而祖國又處在強國環繞之下，隨時都可能被併吞滅亡，使得悉達多太子敏感而早熟。小時候，跟著父親到農村去，他看到土壤中的小蟲被小鳥啄食，而小鳥又被更兇猛的老鷹叼走，就察覺到，大自然和人的社會一樣，充滿了弱肉強食的殘酷現象。

　　他發現所有的人和動物，好像都被一種說不明白的「苦」籠罩著，但那究竟是什麼樣的痛苦？怎麼樣才能去除這種痛苦呢？他沒有答案，所以時常一個人在水邊靜思默想。

　　你大概會認為悉達多太子很不知足，他年輕力壯，受人愛戴，父親慈愛，妻子美麗，兒子健康，僕臣聽話，宮

殿舒適而且財寶無數，過著這樣的「好日子」，居然還會覺得「痛苦」，十足是個「問題」太子。

問題太子的問題

如果要說這個「問題」太子，跟一般人有什麼不同，那就是他看到了一般人視而不見的「大問題」。

會被大多數人用來衡量「快樂」與否的「青春」、「感情」、「容貌」、「健康」、「財富」、「忠誠」……，有哪樣能永恆不變？從報紙上多得不得了的美容拉皮廣告，到老爸老媽被套牢的股票，世界上所有的事物，都在說明著：持續變動的「無常」，才是「正常」的現象，只是一般人視而不見，或見了卻不願意接受罷了。

那麼，在這些分秒不停變化的事情當中，想去追求「永恆」，不是太不實際了嗎？

悉達多太子發現，大部分的人一生都是因為無法接受「變」的事實，而感到痛苦：盛開的花朵凋謝了，年輕的體魄變老了，美麗的容貌變醜了，深愛的人兒變心了……，人生真有「曲不終，人不散」的

美滿？我們能永遠停留在青春年少的十五二十時嗎？

怎樣才能脫離這種因不斷變化所帶來的苦？究竟有沒有一種恆常的快樂？生命從哪裡來？往何處去？我們這一生的目的何在？這些都是身為「人」應該要關心的大問題，可是，你想過沒有？

太子出家

　　關於悉達多太子出家，最有名的故事就是「四門遊觀」。

　　淨飯王看到太子時常悶悶不樂，為了讓他高興，就派人駕車帶他出城，到郊外散散心。不過，為了不讓太子看見「不該看」的人和事，淨飯王事前還是做了一番特別的安排。

　　首先，他命令全城粉刷打掃，只准健康、漂亮、年輕的男女，穿上乾淨華麗的衣服，在街道上歡迎太子，至於那些身體有殘疾的、衰老醜陋的、衣著邋遢骯髒的人，全部都得躲起來，不可讓太子看見。

　　可是，在前三次出遊，太子還是分別遇見了他生平第一次見到的老人、病人，和死人，並且從趕車人「車匿」平淡無奇的口中，驚訝的發現：衰老、疾病，和死亡，在面對貴為王族的他，或低賤的首陀羅時，居然都一視同仁。第四次出遊，他看到一個舉止安詳的出家人，因此產生了出家的念頭。

這個故事或許不完全是真實的，可是在經典中，釋迦牟尼自己陳述出家的心境是：看到別人老、病、死，就想到自己有天也將面臨這一切，所以對現在因一切美好所產生的驕傲，就完全消失不見了。

回到王宮以後，雖然妻兒依舊美豔可愛，可是悉達多太子的腦海裡，已經充滿了老、病、死的影子。他整日思索：人生究竟是怎麼一回事？那些美貌天真、榮華富貴，都是像鏡子裡的花，水中的月亮那樣不真實，難道這就是人一生所追求的全部嗎？

　　在悉達多太子二十九歲生日的那個晚上，明月高懸，他夜半醒來，看到宴會結束後，侍女們在地上倦極而睡，臉上的妝都已經殘了，而且睡相難看，很難把她們跟白天的美貌模樣聯想在一起；他不再猶豫，決心馬上離開眼前虛假的一切，去追求可以解脫生老病死的真理。

　　太子悄悄喚醒了車匿，牽來心愛的白馬，兩人靜靜的離開了王宮，沒有驚醒任何一個人。

　　第二天破曉，他們來到國境，太子脫下頭上的皇冠和身上的華服，換上粗布白衣，又拿出隨身寶刀，把長髮割斷，交給車匿，命令他帶回去交給淨飯王，表示自己捨棄一切榮華富貴，出家修道的決心。

　　從這一天起，世間便沒有了悉達多太子，有的是「釋迦牟尼」或「沙門瞿曇」（「沙門」就是出家人的意思）。

釋迦牟尼的修行之路

　　離開國境之後，釋迦牟尼渡過恆河，前往南岸離家較遠、較不容易被淨飯王找到的摩揭陀國去。

　　在摩揭陀國的首都王舍城，釋迦牟尼白天學其他的出家人托缽乞食，晚上就在城外的靈鷲山棲身，展開一種和以往完全不同的新生活。

在印度當時，「禪定瑜珈」是傳統古老的修行方法，而「苦行」，則是相對前衛新潮的，釋迦牟尼決定一一去學習、嘗試。

釋迦牟尼先跟隨當時最有名的兩位禪定老師，學習禪定的方法。可是他發現，雖然在禪修時，能夠獲得一時的平靜，但其他時候，還是會有生氣、快樂、興奮、貪戀種種情緒，似乎沒有辦法靠著禪修，從根本斷除這些煩惱，所以他決定去嘗試另外一種完全不同的修行方法——苦行。

修苦行的人認為，人精神上的煩惱，完全是由肉體上的痛苦帶來的，所以，他們的邏輯是：不斷增強肉體接受痛苦的能力，有朝一日，當肉體不再有痛苦感覺的時候，精神就能夠自由了。

所以修苦行的人，有的選擇一生都不說話，有的成天倒吊在樹上，也有的用火燒自己的身體，或者用單腳站立，什麼奇怪的方式都有。

釋迦牟尼在苦行林中，前後共花了六年，廢寢忘食的用各種方式來折磨自己的身體，到後來瘦得只剩皮包骨，可是困擾他的煩惱依然存在；他不明白，為什麼古老的禪定和激烈的苦行，都沒辦法平息心中的苦惱？究竟該怎麼做，才能夠接近真理的道路呢？

有一天，他在原野中聽到一個遊人的歌聲:「琴弦太鬆不成調，太緊則聲音不悅耳，不鬆不緊才能使琴聲優美。」

這首歌就像一桶冷水澆在他頭上般，讓他整個清醒了過來：人的身心也跟琴弦一樣，要以不鬆不緊，離開極端的態度修行，才有可能接近安靜平穩的境界啊。

他想明白之後，馬上決定放棄苦行，站起來走下尼連禪河，讓清淨的河水，沖洗這六年來身上的污垢；可是經過了六年的苦行，身體實在太虛弱了，他不支倒在河邊。

　　這時，有一位牧羊女經過，捧了一罐
乳汁來給他喝，他喝完又休息了一會兒，
才逐漸恢復力氣。他渡過尼連禪河，來到
「菩提伽耶」，在一棵枝葉繁茂的菩提樹
下，莊嚴的坐上被後世稱為「金剛座」的
石座，面朝東方，鄭重的發願:「我如果不
能了解造成生命痛苦的真相是什麼，不能
找出解脫生死的方法，就絕不從這個座位
上站起來。」

釋迦牟尼成道

　　釋迦牟尼這一坐，究竟坐了多久？有的說是七天，有的說二十八天，或四十九天，其實，時間的長短並不重要，重要的是，在兩千五百年前，他那一次關鍵性的禪定過程中，到底發生了什麼事？

　　端坐並思維如何解決生死問題的釋迦牟尼，開始感受到內心各種魔境的干擾。

　　原來，在我們心裡，一直都被種種的妄想和慾念盤踞著，有的讓人念念不忘，難以割捨，有的則令人心生恐懼，無法承受；不論是抓不住、摸不著的名聲權勢，還是揮不去的聲色享受，或是讓人沉溺的親情、友情、愛情，無不主宰著我們的情緒，讓我們不由自主的高興、生氣或是憤怒，不能真正做自己「心」的主人。

　　這些「心魔」也沒有放過釋迦牟尼，嬌妻幼子的呼喚，老父國家的盼望，美色佳餚的享受，所有過去美好的記憶，都一窩蜂的來拉扯坐在金剛座上的太子，可是他突破了一般人的弱點，不為所動。

他體察到：自己以及一切眾生，在生死中所有的苦，都是由於想要去追求快樂（貪）；若是追求不成便產生怨恨和煩惱（瞋）；求到手了，又不免想要得到更多（癡）所造成。所以，如果能切斷最根本的貪念、瞋恨和愚癡，就能切斷「苦」的根源，從而得到解脫。

他的心境，就從一開始波濤洶湧的狀態，慢慢的平靜下來，進入了沒有波浪、沒有漣漪，能夠包容一切，又絲毫不受任何騷擾的境界。他的心，漸漸擴大，終於和宇宙合而為一，進而粉碎。

從這一刻起，釋迦牟尼開始被世人尊為「佛陀」，意思是「徹底覺悟的人」。

釋迦牟尼在三十五歲那一年的十二月八日徹悟成佛，他從金剛座上起身，對著廣闊的天空，不覺脫口說道：「奇怪啊，所有眾生的心地，其實都和佛一樣光明，只是因為被種種煩惱和迷惑遮蓋住，不能顯露出來罷了。」

佛陀在這裡要告訴我們的是，人如果可以去除煩惱，找回本來就具備的佛性，就都能夠成佛；所以，只要有「心」、有「願」、有「力」、能「行」，你和我就都是「未來佛」。

佛教「佛、法、僧」三寶俱足

　　太子出家後，淨飯王隨即派了五名勇士保護他，這五人後來也出了家，跟隨釋迦牟尼苦修。可是，當他們看到釋迦牟尼接受牧羊女獻乳，誤會他禁不起女色的誘惑，就失望的離開，前往「鹿野苑」。

　　釋迦牟尼成道後，首先來到鹿野苑，為他們五個人講說佛教的根本教理:「四聖諦」和「八正道」。

　　「四聖諦」說的是：「苦、集、滅、道」。「苦」是指人生苦惱不安的現象；「集」則是說明了苦惱的來源如何聚集；「滅」是指出熄滅苦惱和快樂，常住安樂寂靜的境界，才是最理想的歸宿；「道」則是達到清淨安樂境界的方法。

　　他更進一步說明，以正確的見解和思考，加上正當的言語、行為、職業和努力，配合正確的觀念和禪定，就能一步步離苦得樂。這些正見、正思維、正語、正業、正命、正精進、正念、正

定，就統稱為「八正道」。這是佛陀第一次正式傳法，而這五人也組成了佛教最早的僧團。於是「佛陀」，佛陀所說的「佛法」，和依照佛法修行，並且傳揚佛法的「僧團」正式完備，也就是佛教的佛、法、僧「三寶」。

不久，「鹿野苑住了一位大徹大悟的佛陀」的消息不脛而走，除了來自四面八方，跟隨佛陀出家修行的弟子外，當時在印度，很多國家的國王也非常尊敬佛陀。

恆河南岸的「王舍城」，是摩揭陀國的首都，「頻婆娑羅王」在那裡為佛陀蓋了一座「竹林精舍」；而恆河北岸的「舍衛城」，是憍薩羅國的首都，有錢的「須達長者」用金磚鋪地，購得「祇陀太子」心愛的花園，建立了「祇樹給孤獨園」，簡稱為「祇園精舍」。佛陀時常南來北往，展開數十年足跡遍布恆河南北兩岸的弘法生涯。

大教育家、大革命家的釋迦牟尼

和早他八十多年在中國出生，被中國人尊為「至聖先師」的孔子一樣，佛陀也是一位有教無類的大教育家。

雖然佛陀一出生就是剎帝利的王族，可是，他卻是第一個在階級懸殊的印度社會中，主張「四姓（婆羅門、剎帝利、吠舍、首陀羅）平等」的人。

記得佛陀在菩提樹下初成道的第一句話，說的就是「大地眾生皆有如來智慧德相」；在他的僧團中，除了有婆羅門的大學者「舍利弗」和「目犍連」，以及剎帝利各王族的太子們外，也有像首陀羅階級的理髮師「優波離」、挑糞的「尼提」和從事特種營業的「摩登伽女」。

他的慈悲平等主張，給被奴役的印度人民帶來

了光明，也在當時的社會中，引起前所未有的震撼。

就像孔子門下有七十二個學生特別傑出一樣，釋迦牟尼也有「十大弟子」，他們分別是：智慧第一的「舍利弗」，神通第一的「目犍連」，頭陀第一的「摩訶迦葉」，多聞第一的「阿難陀」，解空第一的「須菩提」，說法第一的「富樓那」，議論第一的「迦旃延」，天眼第一的「阿那律」，持戒第一的「優波離」，以及密行第一的「羅睺羅」。

如果，從佛陀勇於向不合理的社會制度挑戰，進而推翻這種制度的行為看來，他也稱得上是一個「革命家」，可是他和歷史上所有的革命家都不同。

翻開中國和世界的歷史，我們不難發現，一般革命家，都是在自己遭受不合理的對待後，才憤而起來革命，像中國的孫中山先生、美國的華盛頓和印度的甘地；可是，佛陀從來就不是這種「被壓迫」、「被剝削」的階級，照理，他是用不著革命的，但最可貴的，就是他能擺脫身為太子的虛榮，以「一切眾生都平等」為出發點，為所有可憐的人們打抱不平。

佛陀的「不能」

和其他宗教教主不同的是，佛陀從來不說他是無所不能的「神」，也沒有起死回生或替人消災免難的本事，相反的，他以自己高低起伏、充滿困厄經歷的一生，向世人證明，「一切眾生都平等」絕對不是一句空泛的話。

和所有的人一樣，佛陀的弘法事業並不是一帆風順的，他同樣遭受過嫉妒和陷害，得面對分裂和滅亡。

由於有越來越多的人跟隨佛陀出家學道，自然引起婆羅門教徒的恐慌，他們想盡辦法要破壞佛陀僧團的名譽。

他們收買了一個女人偽裝懷孕，再讓她到精舍吵鬧；後來又殺害了一個常去聽法的少女，把她的屍體藏在精舍附近，這種種作為，都是想讓僧團蒙受不白之冤。佛陀對這一切都不加以辯護，只說，造了惡因的人，總有一天要受到惡果。果然，等事情真相大白後，婆羅門教的信譽一敗塗地，而佛陀僧團的名譽卻更加響亮了。

可是僧團內部的分裂，比來自僧團外的毀謗更令佛陀痛心。

「提婆達多」是最初七個跟隨佛陀出家的王子之一，是佛陀的堂弟，他學了一點神通後，就自以為很了不起，想要取代佛陀在僧團中的地位。他不只一次收買兇手去刺殺佛陀，又蠱惑摩揭陀國的太子飯依在他門下，名望日高，於是另立門戶，連佛陀的弟子中，都有一些變節者被拉了過去。

不但無法阻止僧團的分裂，佛陀也同樣沒有辦法阻止自己祖國的滅亡。

恆河北邊大國憍薩羅國的國王「波斯匿王」，曾向附屬的迦毘羅衛國求婚，可是釋迦族基於傳統的自尊心，不願意將王族的女兒嫁給外族，但是又很畏懼宗主國波斯匿王的勢力，所以，偷偷將一個長得很漂亮的奴隸女侍冒充為公主，嫁給了波斯匿王，不久生下太子「琉璃」。

　　有一次，琉璃太子到外公家學射箭，那時佛陀在迦毗羅衛城中新建的講堂將要落成，琉璃太子也來遊玩，這讓知道底細的釋迦族人非常生氣，因為他們覺得奴隸的孩子會污染神聖的講堂。於是，不但馬上把琉璃太子趕走，而且還在他離開後，把他曾經踩過的地方，掘土七尺，全部重新換上「乾淨」的土。

　　受到奇恥大辱的琉璃太子，感到憤恨不已，他發誓：「等到我以後做了國王，一定要滅了釋迦族。」三十年後，琉璃王果然為了報兒時所受的恥辱，率領大軍前來征討釋迦族。

　　儘ㄐㄧㄣˇ管ㄍㄨㄢˇ佛ㄈㄛˊ陀ㄊㄨㄛˊ早ㄗㄠˇ就ㄐㄧㄡˋ知ㄓ道ㄉㄠˋ，沒ㄇㄟˊ有ㄧㄡˇ辦ㄅㄢˋ法ㄈㄚˇ讓ㄖㄤˋ自ㄗˋ己ㄐㄧˇ的ㄉㄜ˙祖ㄗㄨˇ國ㄍㄨㄛˊ避ㄅㄧˋ免ㄇㄧㄢˇ受ㄕㄡˋ到ㄉㄠˋ惡ㄜˋ果ㄍㄨㄛˇ的ㄉㄜ˙報ㄅㄠˋ應ㄧㄥˋ，可ㄎㄜˇ是ㄕˋ他ㄊㄚ還ㄏㄞˊ是ㄕˋ前ㄑㄧㄢˊ後ㄏㄡˋ三ㄙㄢ次ㄘˋ等ㄉㄥˇ在ㄗㄞˋ琉ㄌㄧㄡˊ璃ㄌㄧˊ王ㄨㄤˊ軍ㄐㄩㄣ隊ㄉㄨㄟˋ必ㄅㄧˋ經ㄐㄧㄥ之ㄓ地ㄉㄧˋ，而ㄦˊ琉ㄌㄧㄡˊ璃ㄌㄧˊ王ㄨㄤˊ為ㄨㄟˋ了ㄌㄜ˙尊ㄗㄨㄣ重ㄓㄨㄥˋ佛ㄈㄛˊ陀ㄊㄨㄛˊ，也ㄧㄝˇ退ㄊㄨㄟˋ了ㄌㄜ˙三ㄙㄢ次ㄘˋ兵ㄅㄧㄥ，直ㄓˊ到ㄉㄠˋ第ㄉㄧˋ四ㄙˋ次ㄘˋ，佛ㄈㄛˊ陀ㄊㄨㄛˊ知ㄓ道ㄉㄠˋ這ㄓㄜˋ是ㄕˋ釋ㄕˋ迦ㄐㄧㄚ族ㄗㄨˊ共ㄍㄨㄥˋ同ㄊㄨㄥˊ造ㄗㄠˋ下ㄒㄧㄚˋ的ㄉㄜ˙惡ㄜˋ業ㄧㄝˋ，無ㄨˊ法ㄈㄚˇ避ㄅㄧˋ免ㄇㄧㄢˇ，也ㄧㄝˇ只ㄓˇ能ㄋㄥˊ隨ㄙㄨㄟˊ他ㄊㄚ去ㄑㄩˋ了ㄌㄜ˙。

佛陀最後的叮嚀

　　佛陀三十五歲那年成道，到八十歲的時候，已經在印度境內四處說法四十五年了，在這四十五年間，他所有的時間幾乎都用來宣揚佛法。可是，他從來沒有想過弟子或眾生是屬於他的財產，可以由他全權命令或支配，他反而一再說：「佛陀也是眾生中的一個，我沒有祕密。」他跟我們一樣，也要吃飯睡覺，也會生病衰老。

　　八十歲那一年，佛陀先是病倒了，經過兩、三個月後才漸漸恢復；期間他知道跟眾生分別的時候已經快到了，於是對大家宣布，將在「拘尸那城」涅槃（「涅槃」是佛教的特殊用語，是指「超越時空，不再有生死」的狀態，就是一般人理解的「死亡」）。

　　可以想像，弟子們聽到這個晴天霹靂的消息後，是多麼震驚和傷心，可是佛陀再一次用他自己為例，向弟子們說明人世無常的道理：「天地萬物，都逃不了無常的定律，有相聚就必然有別離，人的身體是

沒有那麼自由的，就算我是佛陀，也沒有
辦法違背這個法則。」

　　佛陀到了拘尸那城之後，選擇在兩棵
娑羅樹間，頭朝北，身體向右側臥躺下，
並告訴阿難，當天晚上就要涅槃。

　　阿難和其他的弟子們知道再傷心也沒
有用，可是他們很憂心，不知道在佛陀離
開之後，要如何繼續宣揚佛法？怎樣才能
讓佛法繼續在人間流傳？

　　佛陀告訴他們，在他走了之後，弟子

們應以「戒律」做他們的老師，依「四念處」（即觀身不淨，觀受是苦，觀心無常，觀法無我）安住身心，用忍辱的態度來面對那些無理取鬧的惡人，而在宣說經典的時候，還要加上一句「如是我聞」，表示是佛說的。

就在佛陀即將涅槃的時候，來了一個一百多歲的老者「須拔陀羅」，他向佛陀請教一個從古到今困惑著無數宗教家的問題:「每個修道的人，都認為自己是智者，走的是解脫大道，別人則都是邪說歧途，請問『正』與『邪』究竟如何區別呢?」

佛陀回答:「任何一個修行的人，如果能夠體認：世上一切的現象，時刻都在變化中，所以根本來說，並沒有一個固定的『我』存在；有了這個認識後，他就不會再強求違反這個真理，也不會因為時間和空間所帶來的變化，讓自己產生煩惱（佛

教中稱這個為『三法印』：諸行無常，諸法無我，涅槃寂靜），再加上能夠努力實踐『八正道』，像這樣的人就是智者，所走的就是正道。」

須拔陀羅聽了這番話，對佛法生起了信仰，請求佛陀允許他出家；於是，佛陀要阿難為他剃度，須拔陀羅便成了佛陀在世間所收的最後一位弟子。

在入涅槃之前，佛陀最後一次囑咐弟子，要遵守戒律，安分知足，節制慾望，以正直忍辱的精神做人處事，用精進有恆的態度修行度眾，千萬不要占卜星相，也不要用神通異術迷惑世人。

佛陀殷切的叮嚀：「你們不要悲哀，我所要度的眾生已經度盡，還未度的眾生，也已做了得度的因緣。」他又安慰大家：「你們如果不能依照我的教法去做，就算我活上千萬年，又有什麼用？若能遵循我的教法修行，就等於我活在你們心中，永遠與你們同在。」

　　西山上高懸著一輪明月，在農曆二月
十五日的午夜，八十歲的佛陀安詳進入涅
槃，但是他的教法流傳至今，不知有多少
人，在佛法中安住身心，得到利益。

釋迦牟尼 小檔案

釋迦牟尼的生平，由於當時並沒有文字的記載工具，所以
缺乏完整的歷史紀錄，僅以原始佛教經典中的紀錄，加以
整理，供大家參考；比較特別的是，我們不採用一般常見的「紀元年」大事記，而
是以釋迦牟尼的「年紀」作為事件記錄的準則。

誕生　農曆 8 月 4 日，出生於藍毘尼花園，父親是淨飯王，母親是摩
　　　耶夫人。

　7 歲　開始學習古印度的科學和哲學等學問。

17 歲　和天臂城善覺王的女兒耶輸陀羅結婚。

29 歲　遊四門，見「生、老、病、死」，出家求道。入苦行林，多方
　　　參訪名師修道。

35 歲　放棄苦行，前往菩提伽耶。12 月 8 日徹悟成道。前往鹿野苑度
　　　化五比丘，初轉法輪，說「四聖諦」，「佛、法、僧」三寶正式
　　　完備。

36 歲　進駐摩揭陀國的頻婆娑羅王為他蓋的「竹林精舍」，開始有計
　　　畫的弘法。

40 歲　前往須達長者和憍薩羅國的祇陀太子為他建的「祇園精舍」，
　　　後遂南北往來於「竹林精舍」和「祇園精舍」間，四處遊化。

43 歲　淨飯王迎請佛陀回到祖國「迦毘羅衛國」。接受諸王子、兒
　　　子、弟弟、堂弟等人和理髮師優波離一同出家，在當時的社會
　　　引起震撼。佛陀的姨母摩訶波捨波提率領宮女跟隨佛陀出家，
　　　從此女人也可以出家。

70 歲　提婆達多叛變，意圖分裂僧團。琉璃王攻打迦毘羅衛國，被佛
　　　陀阻止三次，但第四次終於佔領迦毘羅衛國，釋迦族滅亡。
　　　渡過恆河，前往越祇國和吠舍離國弘法。

78 歲　在大林精舍病倒後宣布：三個月後將要涅槃。

80 歲　渡化最後一位弟子須拔陀羅。農曆 2 月 15 日午夜，在拘尸那
　　　城的娑羅雙樹間進入涅槃。

寫書的人

李民安

輔大經濟系畢業，師大三研所碩士。曾任大學講師、雜誌社特約撰述。

她是個興趣廣泛的妙人，常「自謙」十八般武藝「只會」十七樣，至於還不會的是哪一樣？她說：「我得想想。」而深知女兒心性的母親，則一針見血的下斷語：「十八般武藝，她只會一樣，就是『大膽』。」

因為膽子大，所以敢講、敢寫、敢畫、敢唱……，然後多講、多寫、多畫、多唱的結果，技巧日益純熟，人家便稱讚她會講、會寫、會畫、會唱……。

她寫的東西也和她的興趣一樣廣泛，也因為膽大而敢於在報導文學、幽默文學、親子關係和小說間「遊走」。著有童書《新政先生：富蘭克林‧羅斯福》（行政院新聞局第 29 次推介中小學生優良課外讀物）、《解剖大偵探——柯南‧道爾 vs. 福爾摩斯》（行政院文建會「好書大家讀」年度最佳少年兒童讀物獎）、《石頭不見了》（行政院新聞局第五屆圖畫故事類小太陽獎）等。現在美國中學擔任中文教師，並不定時在國內外報紙發表文章。

畫畫的人

陳澤新

陳澤新，祖籍廣東省汕頭市。1954 年 10 月生於北京。現為中國出版社工作者協會裝幀藝術研究會會員、美術家協會會員、江蘇少年兒童出版社美術編輯、裝幀設計師、兒童插畫家。

他童年時就獨自一人到很遠的郊區去釣魚，在河邊抓烏龜，對養小動物有濃厚的興趣。和許多書中的小主角一樣，做過很多讓大人搖頭的事。曾在農村參與勞動，當過工人、教過書、做過記者，學到了別人一生都難以學到的東西，但始終堅持並熱愛繪畫。插圖曾入選韓國第三屆國際兒童圖畫書原作展，部分作品獲國家圖書獎、全國連環畫獎。

希望自己保持童心，獻給這個美麗的童話世界。

兒童文學叢書

影響世界的人

在沒有主色，沒有英雄的年代
為孩子建立正確的方向
這是最佳的選擇

一套十二本，介紹十二位「影響世界的人」，看：

釋迦牟尼、耶穌、穆罕默德如何影響世界的信仰？

孔子、亞里斯多德、許懷哲如何影響世界的思想？

牛頓、居禮夫人、愛因斯坦如何影響世界的科學發展？

貝爾便利多少人對愛的傳遞？

孟德爾引起多少人對生命的解讀？

馬可波羅激發多少人對世界的探索？

他們曾是影響世界的人，

而您的孩子將是——

未來影響世界的人

兒童文學叢書

童話小天地

童話的迷人，

正是在那可以幻想也可以真實的無限空間，

從閱讀中也為心靈加上了翅膀，可以海闊天空遨遊。

這一套童話的作者不僅對兒童文學學有專精，

更關心下一代的教育，

出版與寫作的共同理想都是為了孩子，

希望能讓孩子們在愉快中學習，

在自由自在中發展出內在的潛力。

—— 簡宛 (知名作家)

丁疙瘩　奇奇的磁鐵鞋　九重葛笑了　智慧市的糊塗市民
屋頂上的祕密　石頭不見了　奇妙的紫貝殼　銀毛與斑斑　小黑兔
大野狼阿公　大海的呼喚　土撥鼠的春天　「灰姑娘」鞋店
無賴變王子　愛咪與愛米麗　細胞歷險記

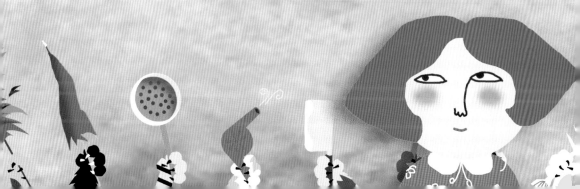

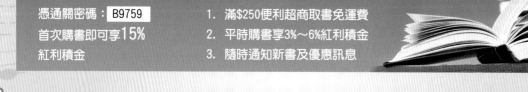

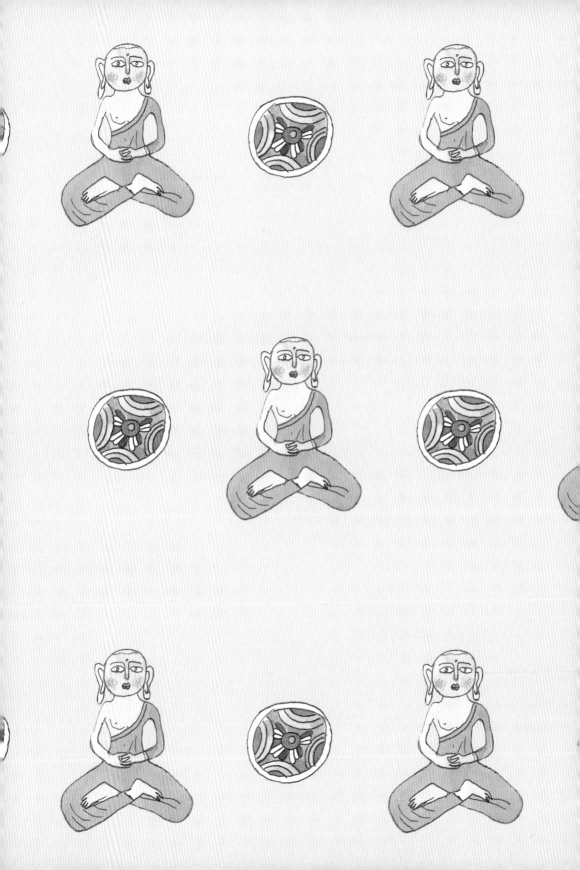